W0296099

Lösungen zu den Fragen der Lese-Rallyes
findest du auf Seite 32.

Das Nachwort für Eltern schließt sich hieran an.

Bibliografische Information der Deutschen Nationalbibliothek
Die Deutsche Nationalbibliothek verzeichnet diese Publikation in der Deutschen Nationalbibliografie; detaillierte bibliografische Daten sind im Internet über http://dnb.d-nb.de abrufbar.

Dieses Werk folgt der neuesten Rechtschreibung und Zeichensetzung.

Auflage 3 2 I 2011 2010 2009
Die letzten Zahlen bezeichnen jeweils die Auflage und das Jahr des letzten Druckes.
© Klett Lerntraining GmbH, Stuttgart 2009. Alle Rechte vorbehalten.
www.diekleinenlesedrachen.de
Gruner + Jahr AG & Co KG, Hamburg
GEOlino ist eine Marke der Gruner + Jahr AG & Co KG
Teamleiterin Lernhilfen Grundschule: Susanne Schulz
Konzeption und Redaktion: Salomé Dick, Berlin
Umschlaggestaltung und Layout: Sabine Krohberger Grafikdesign, München
Umschlagillustration: Florian Schmitt, Hildesheim
Leitfiguren Drachen: Thomas Thiemeyer, Stuttgart
Satz: Noch & Noch GbR, Balve
Druck: G. Canale & C. S.p.A., Turin
Printed in Italy
ISBN 978-3-12-949013-6

DIE KLEINEN LESEDRACHEN

Der unsichtbare Pony-Club

Sabine Rahn
mit Bildern von Florian Schmitt

Klett Lerntraining

Milli hat eine gute Idee

Klara und Milli lieben Ponys.
Die beiden möchten
sooo gerne reiten lernen.

Aber Millis Eltern sagen:
„Reitstunden sind zu teuer!“
Und Klaras Eltern sagen:
„Reiten ist zu gefährlich!“

Sefa darf reiten lernen.
Aber er fährt lieber Fahrrad.

Milli fragt ihre Freunde:
„Wollen wir
einen Pony-Club gründen?“
„Au ja!“, ruft Klara sofort.

Aber Sefa fragt:
„Wieso einen Pony-Club?
Keiner von uns hat ein Pony!
Und keiner von uns kann reiten!“

„Na und? Unsere Ponys sind halt unsichtbar!“, sagt Milli.

„Wie blöd“, findet Sefa. „Da mach ich nicht mit.“

„Schade!“, sagt Milli.
„Dein Pony wäre nämlich
ein schwarzes Indianer-Pony.“
„Ach, echt?“, fragt Sefa.

„Du könntest es sogar ohne
Sattel reiten“, erklärt Klara.
„Wahnsinn!“, sagt Sefa.
„Wann gründen wir den Club?“

Lese-Rallye: Teil 1

1

Welche Farbe soll
Sefas Pony haben?

- ☐ braun
- ☐ schwarz
- ☐ weiß

2

Warum darf Klara
nicht reiten lernen?

- ☐ Es ist zu teuer.
- ☐ Es ist zu gefährlich.
- ☐ Es ist zu langweilig.

Wer gehört zum
unsichtbaren Pony-Club?

☐ ein Mädchen und zwei Jungen
☐ ein Junge und zwei Mädchen
☐ zwei Mädchen und zwei Jungen

3

Womit darfst du
Ponys füttern?

☐ mit Pferdeäpfeln
☐ mit Apfelkuchen
☐ mit Apfelstücken

Der unsichtbare Pony-Club

Sie treffen sich nachmittags
in Sefas Baumhaus.
Sefa hat ein Pferdeposter
aufgehängt.

Klara hat
ein echtes Hufeisen dabei.
Und Milli bringt Zaumzeug mit:
Mamas Wäscheleine.

„Kommt, wir satteln jetzt
unsere Ponys“, sagt Sefa.
„Du reitest doch ohne Sattel“,
erinnert ihn Klara.

Sie fangen ihre Ponys ein:
Millis rotbraunes Basuto-Pony,
Klaras braunes Island-Pony
und Sefas schwarzes Pony.

Klaras Pony ist
ganz besonders wild.
Es steigt auf die Hinterbeine.
Aber Klara fällt nicht herunter.

Die Freunde reiten in den Wald.
Sie springen über Baumstämme
und wirbeln beim Galopp
Blätter auf.

Lese-Rallye: Teil 2

Wo trifft sich
der unsichtbare Pony-Club?

☐ in einem Indianerzelt
☐ in Millis Zimmer
☐ in einem Baumhaus

1

2

Was bringt Milli als Zaumzeug mit?

☐ das Seil von Klaras Schaukel
☐ die Wäscheleine von Millis Mama
☐ das Abschleppseil von Sefas Vater

Was ist das braune Pony?

- ☐ ein Inland-Pony
- ☐ ein Island-Pony
- ☐ ein Irland-Pony

3

Was macht
Klaras wildes Pony?

- ☐ Es steigt auf die Hinterbeine.
- ☐ Es macht Handstand.
- ☐ Es steigt auf einen Baum.

Penni und Bella

Irgendwann sind die Ponys müde.
Klara, Sefa und Milli steigen ab
und setzen sich ins Gras.
Auf einmal hören sie ein Wiehern.

„War das dein Pony, Klara?“,
fragt Milli erstaunt.
Klara schüttelt den Kopf.
„Meins auch nicht!“, sagt Sefa.

Jetzt hören sie Hufgetrappel.
Und schließlich sehen sie
ein geschecktes Pony und
eine kleine, schwarze Ziege.

„Ein echtes Pony!“,
flüstert Milli überrascht.
„Das müssen wir einfangen!“,
ruft Klara und springt auf.

Das Pony freut sich,
die Kinder zu sehen.
Und die kleine Ziege knabbert
zutraulich an Sefas Hose.

Milli knotet ihr Zaumzeug
an das Halfter des Ponys.
Jetzt hat sie es an der Leine.

„Ich reite es zu“, sagt Sefa
und will aufsteigen.
„Ich mach das!“, ruft Klara.
„Nein, ich will“, sagt Milli.

„Penni! Bella!“, ruft eine Frau.
Das Pony wiehert.
Die Ziege meckert.
Die Kinder drehen sich um.

„Danke, dass ihr die beiden eingefangen habt“, sagt die Frau. „Ich habe zu wenig Zeit für sie. Darum reißen sie dauernd aus.“

„Dann kümmern wir uns um Penni und Bella!“, schlägt Milli vor.
„Das wäre toll!“, sagt die Frau.
„Jetzt hat unser Club doch noch ein echtes Pony!“, ruft Klara.

Lese-Rallye: Teil 3

1

Wie heißen die beiden Tiere?

☐ Benni und Pippi
☐ Penni und Bella
☐ Penni und Bello

2

Warum streiten sich die Kinder?

☐ weil Sefa auf Klaras Pony reiten will
☐ weil keiner das echte Pony reiten will
☐ weil alle drei das echte Pony reiten wollen

Warum reißen die Tiere so oft aus?

- ☐ weil sie sich langweilen
- ☐ weil sie Hunger haben
- ☐ weil sie Durst haben

3

Wonach riechen unsichtbare Ponys?

- ☐ nach Heu
- ☐ nach Pferd
- ☐ überhaupt nicht

Lösungen

Lese-Rallye: Teil 1

1. schwarz
2. Es ist zu gefährlich.
3. ein Junge und zwei Mädchen

mit Apfelstücken

Lese-Rallye: Teil 2

1. in einem Baumhaus
2. die Wäscheleine von Millis Mama
3. ein Island-Pony

Es steigt auf die Hinterbeine.

Lese-Rallye: Teil 3

1. Penni und Bella
2. weil alle drei das echte Pony reiten wollen
3. weil sie sich langweilen

überhaupt nicht

Die kleinen Lesedrachen – Lesen lernen mit dem Schulbuchprofi.

Mit Sachwissen-Poster von GEOlino

1. Schuljahr:
- kurze Textabschnitte mit hohem Bildanteil für Leseanfänger
- extra große Fibelschrift
- kurze, gegliederte Zeilen
- einfache, klar strukturierte Geschichten
- 32 Seiten

2. Schuljahr:
- längere Textabschnitte mit vielen Bildern für Erstleser
- große Fibelschrift
- längere Zeilen
- komplexere Geschichten
- 32 Seiten

Die kleinen Lerndrachen – Lernen mit System

üben

Übungsbücher mit dem kompletten Stoff eines Fachs pro Schuljahr.

nachschlagen

Der komplette Stoff der Grundschulzeit zum Nachschlagen plus zahlreiche Übungen auf CD-ROM.

testen

Testblock: Zahlreiche Testaufgaben mit Quizcharakter plus Lösungen und ausführlicher Auswertung.

Diese und weitere Klett-Lernhilfen sind im Buchhandel erhältlich.
Weitere Informationen unter **www.diekleinenlesedrachen.de**

Liebe Eltern,

Sie haben sich für ein Buch der **kleinen Lesedrachen** entschieden. Eine gute Wahl, denn mit diesen Erstlesebüchern des Schulbuchprofis Klett unterstützen Sie optimal den Leselern-Prozess Ihres Kindes.
Lesen als Basiskompetenz muss immer wieder trainiert und gefördert werden, damit Ihr Kind zu einem selbstbewussten und kompetenten Leser wird. Dabei darf es jedoch weder überfordert noch abgeschreckt werden.
Die kleinen Lesedrachen bieten Ihrem Kind eine motivierende Rundum-Leseförderung: **Lesen – Verstehen – Wissen und Handeln**. Ihr Kind erfährt durch Erfolgserlebnisse Lesen positiv und anregend und wird so zunehmend zum Lesen verführt.

LESEN

Die spannenden Geschichten der kleinen Lesedrachen fördern die Leselust:

- Geschichten und Themen entsprechen den Interessen und Vorlieben der Kinder.
- Kindgerechte Illustrationen unterstützen und ergänzen den Text.
- Verschiedene Lesestufen bieten den passenden Lesestoff für Leseanfänger bis zum fortgeschrittenen Leser.

Lesestufen

3. Schuljahr **für fortgeschrittene Leser**
längere Texte, Fibelschrift, textbegleitende Bilder,
komplexe Geschichten, 48 Seiten

2. Schuljahr **für Erstleser**
längere Textabschnitte, längere Zeilen, große Fibelschrift, viele Bilder,
komplexere Geschichten, 32 Seiten

1. Schuljahr **für Leseanfänger**
kurze Textabschnitte, kurze – nach Sinnabschnitten – gegliederte Zeilen,
extra große Fibelschrift, hoher Bildanteil,
einfache, klar strukturierte Geschichten, 32 Seiten

Erfolgserlebnis: Ich kann lesen!

Das Lesen eines ganzen Kapitels, gar eines ganzen Buches macht Ihr Kind stolz. Dabei können die beschriebenen Lesestufen nur ein Anhaltspunkt sein. Wichtig ist, Ihr Kind nicht zu überfordern und es – eventuell auch mit einem Buch einer niedrigeren Lesestufe – zum Lesen zu motivieren.